BEI GRIN MACHT SICH IHR WISSEN BEZAHLT

Bibliografische Information der Deutschen Nationalbibliothek:

Die Deutsche Bibliothek verzeichnet diese Publikation in der Deutschen National-
bibliografie; detaillierte bibliografische Daten sind im Internet über http://dnb.d-
nb.de/ abrufbar.

Impressum:

Copyright © 2015 GRIN Verlag, Open Publishing GmbH
Druck und Bindung: Books on Demand GmbH, Norderstedt Germany
ISBN: 978-3-668-07985-4

Dieses Buch bei GRIN:

http://www.grin.com/de/e-book/309564/aufwandsschaetzungen-in-softwareent-
wicklungsprojekten

Mareike Thamer

Aufwandsschätzungen in Softwareentwicklungsprojekten

Function-Point-Analyse und Expertenschätzung im Vergleich

GRIN Verlag

GRIN - Your knowledge has value

Der GRIN Verlag publiziert seit 1998 wissenschaftliche Arbeiten von Studenten, Hochschullehrern und anderen Akademikern als eBook und gedrucktes Buch. Die Verlagswebsite www.grin.com ist die ideale Plattform zur Veröffentlichung von Hausarbeiten, Abschlussarbeiten, wissenschaftlichen Aufsätzen, Dissertationen und Fachbüchern.

Besuchen Sie uns im Internet:

http://www.grin.com/

http://www.facebook.com/grincom

http://www.twitter.com/grin_com

Inhaltsverzeichnis

Darstellungsverzeichnis

Tabellenverzeichnis

Abkürzungsverzeichnis

DET	Data Element Type
EI	External Input
EIF	External Interface File
EO	External Output
EQ	External Inquiry
FPA	Function-Point-Analyse
FTR	File Type Referenced
ILF	Internal Logical File
ISO	International Organization for Standardization
IT	Informationstechnologie
RET	Record Element Type
TCO	Total Cost of Ownership

1 Einleitung und Problemstellung

„You can manage what you can measure."[1] Dieses Zitat nach Bundschuh & Fabry (2004) bewertet die Aufwandsschätzung als fundamentalen Baustein des Managements von Softwareentwicklungsprojekten.

Eine hohe Anzahl an Softwareentwicklungsprojekten, deren vorgegebenes Budget weit überschritten wird,[2] lässt jedoch vermuten, dass eine Aufwandsschätzung in der Praxis nicht immer mit der nötigen Sorgfalt durchgeführt wird.

Natürlich spielen in diesem Zusammenhang auch weitere Faktoren eine Rolle: Oft wird eine Aufwandsschätzung zu einem Zeitpunkt benötigt, zu dem die geforderten Funktionalitäten der Software noch nicht ausreichend detailliert beschrieben sind.[3] Oder aber im Verlaufe des Projektes kommen zusätzliche Anforderungen hinzu, die in der ursprünglichen Schätzung nicht berücksichtigt werden konnten.[4] Da eine Aufwandsschätzung oft als Basis für die Wirtschaftlichkeitsberechnung eines Projektes dient,[5] wird sie häufig aus politischen Gründen zu optimistisch berechnet, um die Durchführung des Projektes nicht zu gefährden.[6] Oder aber sie wird gleich durch einen vom Management vorgegebenen Zielwert ersetzt.[7]

An dieser Stelle sei auch zu erwähnen, dass Software als immaterielles Gut nur schwer messbar ist[8] und Softwareentwicklungsprojekte äußerst komplex sind.[9] Erschwerend kommt hinzu, dass durch die rasante technologische Weiterentwicklung Aufwände nur bedingt aus Erfahrungswerten abgeleitet werden können.[10] Häufig sind die eigentlichen Kostentreiber in einem Projekt nur rudimentär bekannt[11] und fehlende Risikozuschläge können die Schätzgenauigkeit ebenfalls im negativen Sinne beeinflussen.[12] Gerade deshalb ist die Wahl eines dieser Komplexität gerecht werdenden Aufwandsschätzverfahren von hoher Bedeutung.[13]

Mit dieser Problematik beschäftigt sich die vorliegende Arbeit, deren Ziel es ist, zwei in der Unternehmenspraxis weit verbreitete Verfahren der Aufwandsschätzung vorzustellen und miteinander zu vergleichen: Die Expertenschätzung und die Function-Point-Analyse

---

[1] Bundschuh, M., Fabry, A. (2004), S. 15.
[2] Vgl. z.B. Standish Group (Hrsg.) (1995), S. 2 f.
[3] Vgl. Bundschuh, M., Fabry, A. (2004), S. 25.
[4] Vgl. Bundschuh, M., Fabry, A. (2004), S. 36 f.
[5] Vgl. Mönkemeier, E. (2014), S. 44.
[6] Vgl. Hobel, B., Schütte, S. (2006), S. 40.
[7] Vgl. Hummel, O. (2011), S. 6.
[8] Vgl. Hummel, O. (2011), S. 3.
[9] Vgl. Jantzen, K. (2008), S. 35.
[10] Vgl. Hummel, O. (2011), S. 3.
[11] Vgl. Hürten, R. (2005), S. 2.
[12] Vgl. Hobel, B., Schütte, S. (2006), S. 36.
[13] Vgl. Jantzen, K. (2008), S. 35.

(FPA). Zunächst werden dafür allgemeine Anforderungen an ein Aufwandsschätzverfahren definiert (Kapitel 2), um danach die bereits genannten Verfahren zu erläutern (Kapitel 3). Abschließend werden sie auf das Erfüllen der allgemeinen Kriterien geprüft (Kapitel 4).

2 Grundlegende Prinzipien der Aufwandsschätzung in Softwareentwicklungsprojekten

Aufwandsschätzungen im IT-Projektmanagement (IT = Informationstechnologie) dienen zum einen dazu, den benötigten Ressourcenbedarf zu planen. Stellt man dem prognostizierten Ressourcenbedarf den potenziellen Nutzen eines Projektes gegenüber, so erhält man daraus abgeleitet eine Einschätzung der Wirtschaftlichkeit, die oftmals über die Durchführung des Projektes entscheidet.[14] Wird eine Software für einen externen Kunden programmiert, dient eine Aufwandsschätzung der Angebotserstellung.[15] Ebenfalls werden die durch die Aufwandsschätzung gewonnenen Daten für ein internes IT-Projektcontrolling benötigt – zum Beispiel, um nach Projektabschluss eine Erfolgskontrolle durchführen zu können.[16]

Der geschätzte Aufwand wird in der Regel in Personenstunden oder -monaten angegeben.[17] Kosten (in Euro) werden bei Aufwandsschätzungen zunächst nicht betrachtet. Sie lassen sich aber z.B. durch Multiplikation des errechneten Aufwandes mit einem mitarbeiterspezifischen Stundensatz errechnen.[18] Es existiert eine sehr große Anzahl unterschiedlicher Aufwandsschätzverfahren und -methoden. Diese sollten bestimmten, allgemeinen Grundansprüchen genügen, die nachfolgend definiert werden.

2.1 Vollständigkeit

Eine Aufwandsschätzung sollte alle relevanten Aufwände abdecken. Ein Aufwand ist definiert als eine „Minderung [...] des Erfolges durch den Verbrauch oder den Gebrauch von Gütern."[19] Im Rahmen von Softwareentwicklungsprojekten ist vor allem der Personalaufwand der zentrale Faktor.[20] Hierunter fallen neben dem eigentlichen Entwicklungsaufwand auch Risikozuschläge und Aufwände für unterstützende Tätigkeiten (wie z.B. Projektmanagement-, Qualitätsmanagement- oder

---

[14] Vgl. Hobel, B., Schütte, S. (2006), S. 35.
[15] Vgl. Gadatsch, A., Mayer, E. (2014), S. 219.
[16] Vgl. Bundschuh, M., Fabry, A. (2004), S. 23.
[17] Vgl. Jantzen, K. (2008), S. 35.
[18] Vgl. Tiemeyer, E. (2013), S. 271.
[19] Vahs, D., Schäfer-Kunz, J. (2007), S. 603.
[20] Vgl. Hummel, O. (2011), S. 9.

Dokumentationsaufwände).[21] Auch sollten Abstimmungs- und Koordinationsaufwände bei größeren Projektteams keineswegs vernachlässigt werden.[22] Insbesondere wenn errechnete Aufwände für die Beurteilung der Wirtschaftlichkeit eines Softwareentwicklungsprojektes herangezogen werden, sollten auch die nach der Installation der Software entstehenden Aufwände z.B. für Wartung und Betrieb mit einbezogen werden. Das Konzept der Betrachtung aller relevanten Aufwände – nicht nur der direkten Entwicklungsaufwände – wird in der Literatur als Total Cost of Ownership (TCO) bezeichnet.[23]

2.2 Systematische Vorgehensweise

Auch wenn sich dies für ein immaterielles Gut relativ schwierig gestaltet, sollte in einem Aufwandsschätzverfahren ein sinnvoller Indikator für den zu erwartenden Aufwand gefunden werden, anstatt einfach einen Wert zu „erraten".[24] Die Aufteilung des Projektes in kleinere Einheiten (wie z.B. Arbeitspakete) hilft hierbei.[25] Das Vorgehen sollte einer gewissen Methodik folgen und systematisch dokumentiert werden, um eine Aufwandsschätzung auch Dritten gegenüber nachvollziehbar zu machen.[26] Eine systematische Erfassung von Erfahrungswerten wird ebenfalls als Erfolgsfaktor einer Aufwandsschätzung angesehen; die Verfahren sollten auf unternehmensspezifische Gegebenheiten angepasst werden.[27] Für die Umsetzung aller dieser Anforderungen ist möglichst ein IT-gestütztes System einzusetzen.[28]

2.3 Vorhersagekraft

Schätzungen sind definiert als „näherungsweise Prognosen einer ungewissen Zukunft, die mit einer gewissen Wahrscheinlichkeit eintreten können."[29] Dennoch sollte diese Prognose möglichst genau sein; das heißt, der vorhergesagte Aufwand soll sich auch in den realen Zahlen widerspiegeln, um weder unnötig Ressourcen zu blockieren, noch ungeplante finanzielle Verluste für das untersuchte Projekt zu generieren.[30] In der Praxis wird eine Schätzung mit einer Abweichung von ± 10 Prozent zum realen Projektaufwand

---

[21] Vgl. Jantzen, K. (2008), S. 35.
[22] Vgl. Feyhl, A. W. (2004), S. 130 f.
[23] Vgl. Herzwurm, G., Pietsch, W. (2009), S. 276 f.
[24] Vgl. McConnell, S. (2006), S. 118 f.
[25] Vgl. Geirhos, M. (2011), S. 111.
[26] Vgl. Gadatsch, A., Mayer, E. (2014), S. 220.
[27] Vgl. Feyhl, A. W. (2004), S. 129.
[28] Vgl. Feyhl, A. W. (2004), S. 138.
[29] Hummel, O. (2011), S. 9.
[30] Vgl. Löbbert-Passing, U. (2004), S. 1.

als eine sehr gute Aufwandsschätzung angesehen.[31]

2.4 Praktische Anwendbarkeit

Ein Aufwandsschätzverfahren sollte sich natürlich auch in der Praxis anwenden lassen. Hierzu gehört, dass das Verfahren für die schätzenden Mitarbeiter leicht verständlich und mit möglichst geringem Aufwand umsetzbar ist.[32] Zur praktischen Anwendbarkeit gehört auch, dass sich das Aufwandsschätzverfahren zu dem Zeitpunkt einsetzen lässt, zu dem die Aufwandsschätzung benötigt wird. Manche Aufwandsschätzverfahren bauen z.b. auf einem grob vorliegenden Systemmodell auf;[33] meist ist zumindest eine möglichst gute Beschreibung der umzusetzenden Anforderungen nötig.[34] Zu untersuchen ist, inwieweit diese Voraussetzungen in der Praxis gegeben sind.

2.5 Flexible Anwendungsmöglichkeiten

Ein weiteres Ziel eines Aufwandsschätzverfahrens könnte sein, dass es sich flexibel auf verschiedene Arten von IT-Projekten anwenden lässt.[35] Manche Aufwandsschätzverfahren sind z.B. von dem gewählten Vorgehensmodell oder von der in der Entwicklung angewandten Methode und dem dadurch bestimmten Systemmodell abhängig.[36] Auch ist es möglich, dass ein Aufwandsschätzverfahren nur für Softwareentwicklungsprojekte mit einer bestimmten Größe geeignet ist.[37] Des Weiteren kann der zu erwartende Aufwand maßgeblich durch die gewählte Programmiersprache oder die Entwicklungsumgebung bestimmt sein.[38] Diese Faktoren sollten in einem Aufwandsschätzverfahren berücksichtigt werden können – sofern das Aufwandsschätzverfahren nicht unabhängig von diesen Rahmenbedingungen eingesetzt werden kann.

3 Verbreitete Verfahren der Aufwandsschätzung

Es gibt eine fast unüberschaubare Anzahl von Aufwandsschätzverfahren in jeweils

---

[31] Vgl. Hummel, O. (2011), S. 8.
[32] Vgl. Feyhl, A. W. (2004), S. 138.
[33] Vgl. Jantzen, K. (2008), S. 37.
[34] Vgl. Gadatsch, A., Mayer, E. (2014), S. 219.
[35] Vgl. Feyhl, A. W. (2004), S. 138.
[36] Vgl. Jantzen, K. (2008), S. 36 f. Zu verschiedenen Vorgehensmodellen vgl. Sommerville, I. (2007),
    S. 94 ff und zu verschiedenen Systemmodellen vgl. Sommerville, I. (2007), S. 204 ff.
[37] Vgl. Gadatsch, A., Mayer, E. (2014), S. 218.
[38] Vgl. Bundschuh, M., Fabry, A. (2004), S. 30 f.

unterschiedlichen Varianten, die zum Teil aufgrund ihrer hohen Komplexität in der Praxis überhaupt nicht angewendet werden.[39] Im Folgenden sollen daher mit dem Verfahren der Expertenschätzung und der Function-Point-Analyse zwei in der Praxis weit verbreitete Verfahren vorgestellt werden.

3.1 Expertenschätzung

Im Rahmen einer Expertenschätzung sind verschiedene Methoden denkbar. Diese vereint, dass man sich – zumindest teilweise – auf die Intuition erfahrener Schätzer verlässt.[40] Im Folgenden sollen zunächst allgemeine Grundregeln einer Expertenschätzung beschrieben werden, um im Anschluss verschiedene denkbare Vorgehensweisen zu erläutern.

3.1.1 Allgemeine Grundregeln

Im Rahmen einer Expertenschätzung empfiehlt es sich, Schätzungen herunter gebrochen auf verschiedene Tätigkeiten vorzunehmen und diese inklusive der getroffenen Annahmen systematisch und nachvollziehbar zu dokumentieren.[41] Vorgegebene Listen, die übliche Aktivitäten aufzählen, können dazu beitragen, dass die Schätzer keine Aktivitäten in ihrer Schätzung vergessen.[42] Hierbei kann es auch sinnvoll sein, unternehmensweite Standards zu definieren, um Schätzungen verschiedener Experten vergleichbar zu machen. Der Aufbau einer gemeinsamen Erfahrungsdatenbank fördert die Genauigkeit von durch Experten abgegebenen Aufwandsschätzungen.[43] Als weiterer Grundsatz gilt, dass Expertenschätzungen von den Entwicklern selbst durchgeführt werden sollten, da diese den Aufwand am realistischsten einschätzen können.[44]

3.1.2 Formen der Expertenschätzung

Rein intuitive Schätzungen von Einzelpersonen haben häufig nur eine schlechte Vorhersagekraft.[45] Es wird deshalb empfohlen, eine Schätzung von mindestens zwei

---

[39] Vgl. Gadatsch, A., Mayer, E. (2014), S. 222.
[40] Vgl. Löbbert-Passing, U. (2004), S. 27.
[41] Vgl. Bundschuh, M., Fabry, A. (2004), S. 28.
[42] Vgl. z.B. McConnell, S. (2006), S. 76 f.
[43] Vgl. Löbbert-Passing, U. (2004), S. 42 f.
[44] Vgl. McConnell, S. (2006), S. 140.
[45] Vgl. Burghardt, M. (2006), S. 215.

Experten unabhängig voneinander durchführen zu lassen.[46] Verschiedene Herangehensweisen dazu werden im Folgenden beschrieben.

Eine Methode, eine Gruppe von Experten zu befragen, ist eine sogenannte Schätzklausur. Hierbei kommen Experten aus verschiedenen Bereichen zusammen und diskutieren auf Basis von Projektstrukturplänen inklusive definierter Arbeitspakete und weiterer zur Verfügung stehender Informationen den zu erwartenden Aufwand. Die Gefahr dabei ist, dass die Meinung der Gruppe durch bestimmte dominante Persönlichkeiten innerhalb der Gruppe beeinflusst wird.[47] Diesem Phänomen möchte die sogenannte Delphi-Methode Abhilfe schaffen.[48]

Hierbei handelt es sich um eine strukturierte Form der Gruppenschätzung. Ein Moderator fordert die ausgewählten Experten – nach kurzer Erläuterung des Projektes – dazu auf, schriftlich ihre Einschätzung des zu erwartenden Aufwandes abzugeben. Nachdem die Experten ihr Schätzformular unabhängig voneinander ausgefüllt haben, konsolidiert der Moderator die Ergebnisse, ermittelt einen Trend innerhalb der Gruppe, kommentiert stark aus der Reihe fallende Ergebnisse (lässt sich diese ggf. von den jeweiligen Experten begründen) und stellt diese Informationen den beteiligten Schätzern erneut – anonym – zur Verfügung. Die beteiligten Experten überarbeiten daraufhin ihre Schätzung, indem sie durch das Feedback der Gruppe neue Erkenntnisse in ihre Überlegungen einbeziehen können. Der Prozess wird in mehreren Iterationen so lange wiederholt, bis ein ausreichend einheitlicher Schätzwert erzielt wird.[49]

In einer Untervariante – der Breitband-Delphi-Methode – werden die Schätzergebnisse in jeder Iteration durch den Moderator veröffentlicht. Abweichungen werden durch die Experten in der Gruppe diskutiert.[50] Sofern sehr schnell ein Konsens in der Gruppe erreicht wird, kann der Moderator einen Advocatus Diabolo benennen, dessen Aufgabe es ist, eine gegensätzliche Meinung zu vertreten. Außerdem sollte durch den Moderator darauf geachtet werden, dass die Meinung dominanter Persönlichkeiten nicht zu stark gewichtet wird.[51]

Eine andere Herangehensweise ist die sogenannte Drei-Punkt-Methode: Hierbei wird je Teilaktivität ein Mittelwert aus einer optimistischen, einer pessimistischen und einer realistischen Schätzung gebildet, wobei der realistische Schätzwert vierfach gewichtet wird. Die Schätzungen können sowohl von einer Einzelperson als auch von einer Gruppe

---

[46] Vgl. Bundschuh, M., Fabry, A. (2004), S. 28.
[47] Vgl. Hobel, B., Schütte, S. (2006), S. 38.
[48] Vgl. Amberg, M., Bodendorf, F., Möslein, K. M. (2011), S. 52.
[49] Vgl. Mütter, J., von Hagen, U. (2005), S. 23.
[50] Vgl. Burghardt, M. (2006), S. 216 f.
[51] Vgl. McConnell, S. (2006), S. 187 f.

von Experten abgegeben werden.[52] Wurden konsolidierte Schätzwerte durch die Experten ermittelt, so sollten diese – je nach Risiko – mit gewissen Zuschlägen versehen werden.[53]

3.2 Function-Point-Analyse

Die Function-Point-Analyse ist ein in der Praxis weit verbreitetes Verfahren, welches bereits 1979 entwickelt wurde[54] und mittlerweile sogar in die Reihe der Standards der International Organization for Standardization (ISO) aufgenommen wurde.[55] Grundprinzip ist, die Komplexität einzelner – hauptsächlich durch den späteren Anwender beschriebener – Anforderungen zu bewerten und daraus den zu erwartenden Aufwand herzuleiten.[56]

Die FPA kann zu verschiedenen Zwecken durchgeführt werden: Entweder es wird die Größe einer bereits bestehenden Applikation gemessen oder der Funktionsumfang einer neuen Applikation bzw. eines neuen Applikationsreleases prognostiziert.[57] Da es im Folgenden nur um das grundsätzliche Verständnis der FPA geht, fokussiert sich diese Arbeit auf die Neuentwicklung einer Applikation.[58]

Im ersten Schritt der FPA wird die Grenze zwischen der zu entwickelnden Software, anderen beteiligten Applikationen und dem Anwender festgelegt. Diese Festlegung erfolgt aus Anwendersicht, unabhängig von technischen Gegebenheiten.[59] Hiernach erfolgt die Bestimmung der Unadjusted Function Points, die mithilfe eines Korrekturfaktors in die Adjusted Function Points umgerechnet werden. Dieses Vorgehen wird in den nächsten Kapiteln beschrieben. Dabei werden für die wesentlichen Elemente die englischen Originalbegriffe verwendet.

3.2.1 Bestimmung der Unadjusted Function Points

Für die Bestimmung der Unadjusted Function Points ist zunächst das Verständnis über sogenannte Elementarprozesse unerlässlich. Ein Elementarprozess ist eine unmittelbar für den Anwender identifizierbare und notwendige Aktivität zur Unterstützung eines Geschäftsprozesses, die in sich abgeschlossen ist und nicht in weitere Einheiten

---

[52] Vgl. Bundschuh, M., Fabry, A. (2004), S. 146 f.
[53] Vgl. Bundschuh, M., Fabry, A. (2004), S. 28.
[54] Vgl. Feyhl, A. W. (2004), S. 151.
[55] Vgl. Poensgen, B., Bock, B. (2005), S. 1.
[56] Vgl. Geirhos, M. (2011), S. 110.
[57] Vgl. International Function Point Users Group (Hrsg.) (2000), S. 4-2.
[58] Zum Vorgehen bei einer Erweiterung einer Applikation vgl. Hürten, R. (2005), S. 72 ff.
[59] Vgl. Bundschuh, M., Fabry, A. (2004), S. 89 f.

unterteilt werden kann.[60]

Im Rahmen der FPA erfolgt zunächst die Bestimmung der Anzahl verschiedener Elemente, deren Gemeinsamkeit ist, dass sie nur gezählt werden, wenn sie für einen Elementarprozess relevant sind und durch den Anwender identifiziert werden können. Ein weiteres Grundprinzip ist, dass jedes Element in der FPA nur einfach gezählt werden darf.[61] Da diese Bedingungen für alle Elemente gelten, werden sie im Folgenden bei der Definition der Elemente nicht noch einmal wiederholt. Darstellung 1 gibt zunächst einen Überblick über die zu zählenden Elemente. Im Folgenden werden diese näher beschrieben.

Darst. 1: Übersicht Unadjusted Function Points

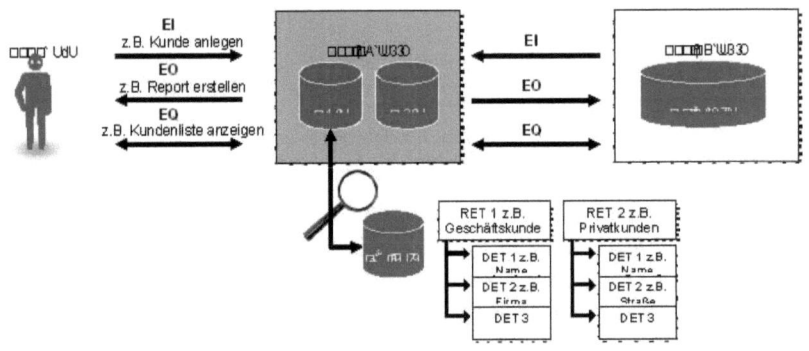

Quelle: Eigene Darstellung nach Hummel, O. (2011), S. 8.

Zunächst einmal werden die Datenbestände der zu entwickelnden Applikation gezählt. Hierzu gehören die Internal Logical Files (ILFs) und die External Interface Files (EIFs). Während ein ILF eine Gruppe logisch zusammen hängender Daten oder Steuerinformationen innerhalb der zu entwickelnden Anwendung darstellt, ist ein EIF eine gleichermaßen definierte Gruppe von Daten oder Steuerinformationen, bloß dass diese in einer extern referenzierten Applikation vorgehalten wird.[62]

Zur Bestimmung der Komplexität der ILFs und EIFs müssen noch zwei weitere Arten von Elementen gezählt werden: Ein Data Element Type (DET) ist definiert als einzelnes, sich nicht wiederholendes Datenfeld innerhalb eines ILFs oder EIFs.[63] Ein Record Element Type (RET) ist eine Untergruppe von Daten innerhalb eines ILFs oder EIFs. Lassen sich

---

[60] Vgl. International Function Point Users Group (Hrsg.) (2000), S. 7-5.
[61] Vgl. Poensgen, B., Bock, B. (2005), S. 11.
[62] Vgl. International Function Point Users Group (Hrsg.) (2000), S. 2-7.
[63] Vgl. International Function Point Users Group (Hrsg.) (2000), S. 6-7.

8

in einem ILF oder EIF keine logischen Untergruppen bilden, so wird das ILF bzw. das EIF selbst als RET gezählt.[64] Mithilfe einer Übersetzungstabelle (vgl. Anhang 1) lässt sich über die Anzahl der DETs und RETs die Komplexität eines ILFs bzw. EIFs bestimmen. Eine weitere Übersetzungstabelle ordnet einer Komplexität getrennt nach ILFs und EIFs eine entsprechende Anzahl an Function Points zu (vgl. Anhang 2).[65] Anschließend werden die Function Points aller ILFs und EIFs zusammengezählt.[66]

Im nächsten Schritt erfolgt die Zählung der Transaktionsfunktionen, zu denen External Inputs (EIs), External Outputs (EOs) und External Inquiries (EQs) gehören. Ein EI ist ein innerhalb der zu entwickelnden Applikation benötigter Elementarprozess, der von außen kommende Daten oder Steuerinformationen verarbeitet (d.h. ein ILF wird generiert oder verändert oder das Verhalten der Applikation beeinflusst). Ein EO hingegen stellt den umgekehrten Fall dar: In diesem Elementarprozess werden innerhalb der Applikation vorgehaltene Daten oder Steuerinformationen weiterverarbeitet und über die Applikationsgrenze hinaus versendet. Ziel einer EQ ist ebenfalls die Weitergabe von Daten nach außen, allerdings werden diese im Gegensatz zu einem EO in unbearbeiteter Form – und nachdem ein Input durch den Anwender eingegeben wurde – weitergegeben.[67] Um die Komplexität der EIs, EOs und EQs zu bestimmen, werden ebenfalls wieder die beteiligten DETs gezählt. Darüber hinaus wird die Anzahl der referenzierten ILFs und EIFs benötigt. Diese werden als File Type Referenced (FTRs) bezeichnet.[68] Die Komplexität und die daraus abgeleiteten Function Points pro EI, EO und EQ werden wieder über entsprechende Übersetzungstabellen hergeleitet (vgl. Anhang 3, 4 und 5).[69]

3.2.2 Bestimmung der Adjusted Function Points

Nachdem die Unadjusted Function Points bestimmt wurden, werden diese durch einen projektspezifischen, qualitativen Anpassungsfaktor in die Adjusted Function Points umgerechnet. Der Anpassungsfaktor laut International Function Point Users Group (IFPUG) berücksichtigt 14 Hauptkostentreiber wie z.B. die geforderte Wiederverwendbarkeit oder die Anwenderfreundlichkeit, deren Einfluss auf einer Skala von 0 bis 5 bewertet wird.[70] Er kann den Projektaufwand noch einmal um 35 % nach

---

[64] Vgl. International Function Point Users Group (Hrsg.) (2000), S. 6-9.
[65] Vgl. International Function Point Users Group (Hrsg.) (2000), S. 6-11.
[66] Vgl. International Function Point Users Group (Hrsg.) (2000), S. 6-12.
[67] Vgl. International Function Point Users Group (Hrsg.) (2000), S. 2-8.
[68] Vgl. International Function Point Users Group (Hrsg.) (2000), S. 7-13.
[69] Vgl. International Function Point Users Group (Hrsg.) (2000), S. 7-21 ff.
[70] Vgl. International Function Point Users Group (Hrsg.) (2000), S. 8-3.

oben oder nach unten beeinflussen und wird mit Formel 3-1 berechnet:[71]

$$AF = TDI \cdot 0{,}01 + 0{,}65 \qquad\qquad\qquad\qquad \text{Formel (3-1)}$$

AF: Anpassungsfaktor
TDI: Total Degree of Influence

Die Adjusted Function Points ergeben sich dementsprechend aus Formel 3-2, sofern es sich um eine vollständige Neuentwicklung einer Applikation handelt:[72]

$$AFP = UFP \cdot AF \qquad\qquad\qquad\qquad\qquad \text{Formel (3-2)}$$

AFP: Adjusted Function Points
UFP: Unadjusted Function Points
AF: Anpassungsfaktor

3.2.3 Ableitung des zu erwartenden Aufwands

Sind die Adjusted Function Points bestimmt, so müssen diese noch mit einem unternehmensspezifischen Faktor in den zu erwartenden Aufwand umgerechnet werden. Der Faktor sollte deshalb unternehmensspezifisch sein, da innerhalb eines Unternehmens Softwareentwicklungsprojekte häufig unter ähnlichen Rahmenbedingungen durchgeführt werden.[73]

Die Annahme hierfür lautet, dass eine bestimmte Anzahl Function Points – unternehmensabhängig – einen bestimmten Aufwand verursacht. Voraussetzung ist also, dass ausreichend dokumentierte und geeignete Erfahrungswerte vorliegen.[74] Hierzu ist es nötig, die FPA nach Installation der Software erneut durchzuführen, um den finalen Aufwand – und bei sich im Projektablauf eventuell veränderten Anforderungen die finalen Function Points – in einer Erfahrungsdatenbank eintragen zu können.[75] In der Literatur werden häufig Umrechnungsformeln zur Korrelation von Function Points und Aufwand beschrieben, die aufgrund der fehlenden pauschalen Anwendbarkeit hier aber nicht näher erläutert werden sollen.[76]

---

[71] Vgl. Feyhl, A. W. (2004), S. 167 f.
[72] Vgl. Hummel, O. (2011), S. 47.
[73] Vgl. Poensgen, B., Bock, B. (2005), S. 137.
[74] Vgl. Burghardt, M. (2006), S. 197.
[75] Vgl. Feyhl, A. W. (2004), S. 154.
[76] Zu beispielhaften Umrechnungsformeln vgl. Hummel, O. (2011), S. 49 f.

4 Prüfung der Aufwandsschätzverfahren auf die Erfüllung der definierten Anforderungen

Die in Kapitel 3 vorgestellten Aufwandsschätzverfahren werden nun bewertet. Hierzu werden sie auf die Erfüllung der in Kapitel 2 definierten Kriterien geprüft.

4.1 Vollständigkeit

In der FPA wird empfohlen, den Aufwand mithilfe einer Erfahrungsdatenbank aus den Function Points abzuleiten. Wenn in der Erfahrungsdatenbank Ist-Aufwände dokumentiert sind, enthalten diese auch Aufwände für unterstützende Tätigkeiten sowie Abstimmungs- und Kommunikationsaufwände, die in dieser Weise allerdings nur pauschal berücksichtigt und nicht projektspezifisch angepasst werden können.

Projektspezifischen Kostentreibern versucht man in der FPA durch die Berechnung des Anpassungsfaktors gerecht zu werden. Die dahinter stehenden Kostentreiber werden jedoch häufig als zu veraltet kritisiert[77] und sind eher technischer Natur.

In einer Expertenschätzung werden Abstimmungs- und Kommunikationsaufwände, Aufwände für unterstützende Tätigkeiten und Risikozuschläge häufig nicht berücksichtigt und sollten als Zuschläge unbedingt hinzugerechnet werden.[78] Die TCO-Betrachtung spielt in beiden Verfahren keine unmittelbare Rolle.

4.2 Systematische Vorgehensweise

Die Function-Point-Analyse zeichnet sich insbesondere dadurch aus, dass sie eine genaue Methodik vorschreibt, die auch für Außenstehende nachvollziehbar ist.[79]

Eine Expertenschätzung hingegen wird oft intuitiv durchgeführt sowie weniger gut dokumentiert und ist daher für Dritte nicht immer stringent nachvollziehbar.[80]

Beide Verfahren folgen dem Gebot, das Projekt in kleinere Einheiten aufzuteilen, um eine Schätzung zu erleichtern. Allerdings benutzt nur die FPA einen einheitlichen Indikator zur Errechnung des Aufwands (Function Points), während sich die Expertenschätzung – sofern sie nicht durch weitere Daten angereicht wird – erst einmal auf die Intuition des Schätzers verlässt.

Die Einrichtung einer Erfahrungsdatenbank wird für beide Verfahren empfohlen, um die

---

[77] Vgl. Poensgen, B., Bock, B. (2005), S. 57.
[78] Vgl. Hobel, B., Schütte, S. (2006), 38 f.
[79] Vgl. Poensgen, B., Bock, B. (2005), S. 17.
[80] Vgl. Löbbert-Passing, U. (2004), S. 42.

Schätzung an unternehmensspezifische Gegebenheiten anzupassen. Die FPA ist – als definierter Standard – gut mithilfe eines IT-Systems umzusetzen. Auch für die Expertenschätzung lässt sich ein systemgestütztes Vorgehen einrichten.

4.3 Vorhersagekraft

Eine Expertenschätzung wird oft als das ungenauste aller Aufwandsschätzverfahren kritisiert, insofern sie jeglicher Grundlage entbehrt und sich auf ein bloßes Gefühl verlässt.[81]

Sofern geeignete Experten zur Verfügung stehen, lassen sich – unter Anwendung der beschriebenen Grundregeln – aber auch mit einer Expertenschätzung relativ genaue Ergebnisse erzielen. Hierbei empfiehlt es sich, eher eine Gruppe von Experten schätzen zu lassen; individuelle Schätzfehler werden so ausgeglichen und es kann eine Genauigkeit von ca. 25 bis 30 % erreicht werden.[82]

In der Literatur wird die Aufwandsschätzung über Function Points als eine der genausten Methoden bezeichnet.[83] So kann eine Genauigkeit von ± 10 % erzielt werden, sofern eine Erfahrungsdatenbank genutzt wird und viele Projekte mit ähnlichen Rahmenbedingungen (z.B. gleichen Projektteams) durchgeführt werden.[84] Die durchschnittliche Schätzgenauigkeit der Function-Point-Analyse beträgt etwa 10 - 20 % – abhängig von der Sorgfalt, mit der man die Analyse durchführt.[85]

Unabhängig von dem gewählten Verfahren der Aufwandsschätzung ist die erreichte Genauigkeit natürlich auch davon abhängig, wie viel Zeit man in die Detaillierung der Anforderungen und in die Aufwandsschätzung selbst steckt.[86]

Zu beachten ist in diesem Zusammenhang auch, dass die Genauigkeit maßgeblich vom Zeitpunkt der Schätzung abhängt. So gilt sowohl für die Expertenschätzung als auch für die FPA, dass die Schätzungen umso genauer sind, je weiter das Projekt fortgeschritten ist.[87] Berücksichtigt man, dass alle existierenden Aufwandsschätzverfahren zu einem frühen Zeitpunkt des Projektes vor demselben Problem der fehlenden Informationen stehen, so lässt sich mithilfe der FPA und geeigneten Erfahrungswerten noch eine vergleichsweise hohe Prognosequalität herstellen.[88]

---

[81] Vgl. z.B. McConnell, S. (2006), S. 122.
[82] Vgl. Hummel, O. (2011), S. 26.
[83] Vgl. Feyhl, A. W. (2004), S. 151.
[84] Vgl. Feyhl, A. W. (2004), S. 170.
[85] Vgl. Feyhl, A. W. (2004), S. 171.
[86] Vgl. Geirhos, M. (2011), S. 105.
[87] Vgl. Hummel, O. (2011), S. 6 f.
[88] Vgl. Poensgen, B., Bock, B. (2005), S. 150 f.

4.4 Praktische Anwendbarkeit

Die Expertenschätzung besticht vor allem durch ihre leichte Anwendbarkeit. Sie lässt sich einfach sowie wenig zeit- oder ressourcenintensiv durchführen[89] und ist daher auch in der Praxis weit verbreitet.[90]

Die Function-Point-Analyse wird häufig als zu aufwändig, kompliziert und zu teuer kritisiert.[91] Um sie korrekt anwenden zu können, benötigen Anwender idealerweise eine Schulung und praktische Erfahrungen.[92]

Optimalerweise wird für die FPA ein Fachkonzept als Eingangsgröße verwendet, welches jedoch in der Praxis zum Zeitpunkt der Aufwandsschätzung meist noch nicht verfügbar ist. Die FPA lässt sich jedoch – mit den bereits beschriebenen Abstrichen bei der Genauigkeit – auch schon mit dem Vorliegen erster Anforderungen einsetzen und unterscheidet sich hierdurch von vielen anderen Schätzmethoden.[93]

Eine Expertenschätzung kann grundsätzlich auch mit wenigen Informationen über das Projekt durchgeführt werden – wenn auch wieder mit Einbußen bei der Genauigkeit.

Bezüglich des Einführungsaufwandes ist noch hinzuzufügen, dass komplette Neuentwicklungen von IT-Applikationen in der Praxis selten sind; vielmehr sind die meisten IT-Projekte Weiterentwicklungsprojekte.[94] In der FPA muss aber auch für eine Weiterentwicklung zunächst die bestehende Funktionalität bewertet werden. Möchte man dies für alle Applikationen eines Unternehmens durchführen, so kann dies mit erheblichem Aufwand verbunden sein.[95]

4.5 Flexible Anwendungsmöglichkeiten

Expertenschätzungen gehören zu den flexibelsten Aufwandsschätzverfahren.[96] Sie sind i.d.R. unabhängig von der Entwicklungsmethode oder technischen Gegebenheiten einsetzbar.

Die Function-Point-Analyse ist vor allem für Softwareentwicklungsprojekte geeignet, die nach dem Wasserfallmodell oder vergleichbaren Vorgehensmodellen entwickelt

---

[89] Vgl. Löbbert-Passing, U. (2004), S. 42.
[90] Vgl. Hummel, O. (2011), S. 26.
[91] Vgl. Feyhl, A. W. (2004), S. 171.
[92] Vgl. Poensgen, B., Bock, B. (2005), S. 8.
[93] Vgl. Löbbert-Passing, U. (2004), S. 135.
[94] Vgl. Bundschuh, M., Fabry, A. (2004), S. 127.
[95] Vgl. Poensgen, B., Bock, B. (2005), S. 31.
[96] Vgl. Löbbert-Passing, U. (2004), S. 45.

werden.[97] Die Anwendbarkeit auf z.b. eine iterative Vorgehensweise wird in der Literatur z.T. bestritten, da sich diese Vorgehensweise gerade dadurch auszeichnet, dass zu Beginn noch nicht alle Anforderungen definiert sind.[98] Dies ist jedoch eine Problematik aller Aufwandsschätzverfahren und gilt auch für die Expertenschätzung.

Häufig wird auch die Anwendbarkeit der FPA auf ein Projekt mit objektorientierter Programmierungsart in Frage gestellt. Dies ist aber – ggf. mit zusätzlichem Aufwand – möglich.[99]

Da die FPA die Funktion einer Software aus Anwendersicht beschreibt, ist sie von technischen Gegebenheiten – wie z.b. der Programmiersprache oder der Entwicklungsumgebung – größtenteils unabhängig.[100]

Grundsätzlich lassen sich die FPA und die Expertenschätzung unabhängig von der Größe eines Softwareentwicklungsprojektes anwenden. Die Delphi-Methode ist hingegen sehr zeitaufwändig und wird nur für größere Entwicklungsprojekte empfohlen.[101]

4.6 Abschließende Bewertung

Zusammenfassend lässt sich sagen: Die Stärke der Function-Point-Analyse liegt in ihrer systematischen Vorgehensweise und der dadurch erzielbaren Genauigkeit. Die Expertenschätzung hingegen überzeugt durch eine einfache und kostengünstige Anwendbarkeit.

Bei der Expertenschätzung lässt sich z.b. durch unternehmensweite Standards ebenfalls eine systematische Vorgehensweise etablieren. Diese ist jedoch im Vergleich zur Function-Point-Analyse schwieriger zu entwickeln.

Aufwände, die keinen direkten Programmieraufwände darstellen, müssen in beiden Verfahren über nachträgliche Zuschläge berücksichtigt werden. Auch sind beide Verfahren nicht unbedingt für ein iteratives Vorgehensmodell geeignet, was jedoch ein allgemeines Problem von Aufwandsschätzungen darstellt.

Die Ergebnisse sind noch einmal in Tabelle 1 zusammengefasst.

Tabelle 1: Vergleich Expertenschätzung und Function-Point-Analyse

---

[97] Vgl. Jantzen, K. (2008), S. 39.
[98] Vgl. Poensgen, B., Bock, B. (2005), S. 149.
[99] Vgl. Hummel, O. (2011), S. 38 f.
[100] Vgl. Hürten, R. (2005), S. 120.
[101] Vgl. Mütter, J., von Hagen, U. (2005), S. 23.

Anforderung		Expertenschätzung	FPA
Vollständigkeit	• Programmieraufwand • Aufwände für unterstützende Tätigkeiten • Risikozuschläge • Abstimmungs- und Koordinationsaufwände • Ggf. Aufwände für Wartung und Betrieb	●○○	●○○
Systematische Vorgehensweise	• Plausibler Indikator für zu erwartenden Aufwand • Aufteilung in kleinere Einheiten • Vorgehen nach einer Methodik • Dokumentation • Einbeziehung von Erfahrungswerten • Anpassung an unternehmensspezifische Gegebenheiten • IT-gestützte Umsetzung	●●○	●●●
Vorhersagekraft	• Möglichst genaue Vorhersage der tatsächlichen Aufwände	●●○	●●●
Praktische Anwendbarkeit	• Leicht verständlich und umsetzbar • Vorhandene Eingangsgrößen	●●●	●○○
Flexible Anwendungsmöglichkeiten	Anwendbar unabhängig von: • Vorgehensmodell • Entwicklungsmethode / Systemmodell • Projektgröße • Technischen Gegebenheiten	●●○	●●○

Quelle: Eigene Darstellung.

5 Fazit

Die vorliegende Arbeit liefert einen Überblick über die Verfahren der Expertenschätzung und der Function-Point-Analyse sowie deren Vor- und Nachteile. Dabei kommt auch zum Ausdruck: Kein Verfahren ist perfekt.

In der Praxis sind diese Verfahren nicht immer getrennt voneinander zu betrachten; häufig wird auch die Kombination verschiedener Schätzverfahren zu einer optimalen Vorhersage des Aufwandes empfohlen.[102] Hat man sich entschieden, wie man eine Aufwandsschätzung durchführen möchte, sollte man sich auch Gedanken über die unternehmensweise Einführung mit entsprechenden Tools machen.

Abschließend sollte man noch einmal betonen, dass der Erfolg eines Aufwandsschätzverfahrens natürlich auch davon abhängig ist, mit welcher Sorgfalt man es durchführt. Zur Ermutigung, sich mit diesem Thema zu beschäftigten, ist noch einmal festzuhalten: „Jede Schätzung ist genauer als keine Schätzung."[103]

---

[102] Vgl. Bundschuh, M. Fabry, A. (2004), S. 44.
[103] Bundschuh, M. Fabry, A. (2004), S. 32.

15

Literaturverzeichnis

Amberg, M., Bodendorf, F., Möslein, K. M. (2011): Wertschöpfungsorientierte Wirtschaftsinformatik, Berlin, Heidelberg: Springer Verlag

Bundschuh, M. Fabry, A. (2004): Aufwandschätzung von IT-Projekten, 2. Aufl., Bonn: mitp-Verlag

Burghardt, M. (2006): Projektmanagement: Leitfaden für die Planung, Überwachung und Steuerung von Entwicklungsprojekten, 7. Aufl., Erlangen: Publicis Corporate Publishing

Feyhl, A. W. (2004): Management und Controlling von Softwareprojekten: Software wirtschaftlich auswählen, entwickeln, einsetzen und nutzen, 2. Aufl., Wiesbaden: Gabler Verlag

Gadatsch, A., Mayer, E. (2014): Masterkurs IT-Controlling, 5. Aufl., Wiesbaden: Springer Vieweg Verlag

Geirhos, M. (2011): IT-Projektmanagement: Was wirklich funktioniert – und was nicht, Bonn: Galileo Press

Herzwurm, G., Pietsch, W. (2009): Management von IT-Produkten: Geschäftsmodelle, Leitlinien und Werkzeugkasten für softwareintensive Systeme und Dienstleistungen, Heidelberg: dpunkt Verlag

Hobel, B., Schütte, S. (2006): Gabler Business-Wissen A-Z: Projektmanagement, Wiesbaden: Gabler Verlag

Hummel, Oliver (2011): Aufwandsschätzungen in der Software- und Systementwicklung kompakt, Heidelberg: Spektrum Akademischer Verlag

Hürten, R. (2005): Function-Point Analysis: Theorie und Praxis, Renningen: Expert Verlag

International Function Point Users Group (Hrsg.) (2000): Function Point Counting

Practises Manual: Release 4.1.1, Troy: ohne Verlag

Jantzen, K. (2008): Verfahren der Aufwandsschätzung für komplexe Softwareprojekte von heute, in: Informatik-Spektrum 2008, 31. Jg., Nr. 1, S. 35-49

Löbbert-Passing, U. (2004): Process-Oriented Effort Estimation for Software Projects, Diss., Osnabrück: Der Andere Verlag

McConnell, S. (2006): Aufwandschätzung für Softwareprojekte, Unterschleißheim: Microsoft Press

Mönkemeier, E. (2014): Aufwandsschätzung von Offshore-IT-Entwicklungsprojekten: Risikomanagement durch systemdynamische Modelle globaler virtueller Teams, Diss., Wiesbaden: Springer Gabler Verlag

Mütter, J., von Hagen, U. (2005): Aufwandsschätzungen in Softwareprojekten, in: LDVZ-Nachrichten 2005, o. Jg., Nr. 2, S. 20-27

Poensgen, B., Bock, B. (2005): Function-Point-Analyse: Ein Praxishandbuch, Heidelberg: dpunkt Verlag

Sommerville, I. (2007): Software Engineering, 8. Aufl., München: Pearson Studium

The Standish Group (Hrsg.) (1995): Chaos Report, o.O.: ohne Verlag

Tiemeyer, E. (2013): IT-Projektmanagement, in: Tiemeyer, E. (Hrsg.), Handbuch IT-Management: Konzepte, Methoden, Lösungen und Arbeitshilfen für die Praxis, 5. Aufl., München: Hanser Verlag, S. 217-310

Vahs, D., Schäfer-Kunz, J. (2007): Einführung in die Betriebswirtschaftslehre, 5. Aufl., Stuttgart: Schäffer-Poeschel Verlag

Anhang 1: Bestimmung der Komplexität von Datenbeständen[104]

	1-19 DETs	20-50 DETs	≥ 51 DETs
1 RET	Niedrig	Niedrig	Mittel
2-5 RETs	Niedrig	Mittel	Hoch
≥ 6 RETs	Mittel	Hoch	Hoch

Anhang 2: Übersetzung der Komplexität von Datenbeständen in Function Points[105]

Komplexität	Unadjusted Function Points für ILFs	Unadjusted Function Points für EIFs
Niedrig	7	5
Mittel	10	7
Hoch	15	10

Anhang 3: Bestimmung der Komplexität von EIs[106]

	1-4 DETs	5-15 DETs	≥ 16 DETs
0-1 FTRs	Niedrig	Niedrig	Mittel
2 FTRs	Niedrig	Mittel	Hoch
≥ 3 FTRs	Mittel	Hoch	Hoch

Anhang 4: Bestimmung der Komplexität von EOs und EQs[107]

	1-5 DETs	6-19 DETs	≥ 20 DETs
0-1 FTRs	Niedrig	Niedrig	Mittel
2-3 FTRs	Niedrig	Mittel	Hoch
≥ 4 FTRs	Mittel	Hoch	Hoch

Anhang 5: Übersetzung der Komplexität von Transaktionsfunktionen in Function

---

[104] Vgl. International Function Point Users Group (Hrsg.) (2000), S. 6-11.
[105] Vgl. International Function Point Users Group (Hrsg.) (2000), S. 6-11.
[106] Vgl. International Function Point Users Group (Hrsg.) (2000), S. 7-21.
[107] Vgl. International Function Point Users Group (Hrsg.) (2000), S. 7-22.

18

Points [108]

Komplexität	Unadjusted Function Points für EIs und EQs	Unadjusted Function Points für EOs
Niedrig	3	4
Mittel	4	5
Hoch	6	7

[108] Vgl. International Function Point Users Group (Hrsg.) (2000), S. 7-23.